Ganando Almas

Inspiración Para Traer Personas a Jesús

Daniel King

Ganando Almas: Inspiración Para Traer Personas a Jesús
ISBN #: 1-931810-24-9

Copyright 2015:
    Daniel King
    King Ministries International
    PO Box 701113
    Tulsa, OK 74170 USA
    1-877-431-4276
    daniel@kingministries.com
    www.kingministries.com

Prefacio
por Peter Youngren

¡Inspiración! ¡Pasión! ¡Gozo! Estas tres palabras describen Ganando Almas.

El autor motiva al lector a través de las propias palabras y acciones de Jesús, de igual manera nos motiva a traves de frases inspiradas de los "grandes hombres" ganadores de almas y de los "grandes" en la historia de avivamientos.

He visto a Daniel King en acción y el libro inspira la misma pasión por personas que observas cuando compartes un tiempo con el autor.

Ya sea parado en una gran plataforma, predicando a una gran multitud, o alcanzando a una persona, Daniel se preocupa por las personas y está dispuesto a hacer lo que sea necesario para traer el evangelio a aquellos que más lo necesitan.

Jesús dijo, "hay gozo en los cielos" cuando una persona se arrepiente. El mismo gozo y entusiasmo es de suma importancia en nuestro trabajo de ganar almas. Sin esto el evangelismo se convierte en una farmacia, una obligación meramente religiosa.

Recientemente Daniel y yo pasamos un tiempo junto en el Congo. El me compartió como a la edad de quince años, leyó un libro donde el autor entusiasmaba a la gente joven a establecer una meta de ganar US\$1,000,000 antes de la edad de treinta años. Daniel re interpretó el mensaje y se propuso ganar 1,000,000 de personas para Cristo antes de la edad de treinta años....y él va llegando a esta meta.

Jesús es nuestro modelo a seguir. El ministró a los Judíos, Samaritanos, y Romanos sin discriminación. *Ganando Almas* va a retar al lector a alcanzar cada una de las esferas de la sociedad, con la simplicidad del evangelio. El Apóstol Pablo se enfrentó con el rechazo de los Judíos – la gente de la Ley- quienes encontraron que el evangelio era una piedra de tropiezo. Los Griegos –los filósofos de aquella época- tenían sus propias objeciones; ellos consideraban el evangelio como algo tonto. La respuesta de los apóstoles fue clara – "para nosotros, los creyentes (del evangelio) es el poder de Dios

Esta confidencia en el evangelio es evidente en Ganando Almas. Sin importar la creencia o religión de una persona, cuando esta decide creer, el poder de Dios se manifiesta. El evangelio – lleva consigo una cláusula de hierro que garantiza que trabaja para todo aquel que cree.

Alguien dijo, "cuando todo está dicho y hecho, mucho más se dijo que lo que se hizo". Este libro no solo da un caudal de información, sino que también motivará a otros a la acción poderosa del Espíritu Santo.

Introducción

Querido Amigo,

Tengo pasión por ganar almas. Mi meta es ganar 1,000,000 de personas para Jesús cada año de mi vida.

Almas son los tesoros mas preciados...en el cielo..en el infierno...y aquí en la tierra.

¿Porqué tengo esta pasión por ganar personas para Jesús? Varios años atrás, estaba en el país de Jamaica nadando en una alberca cuando de pronto noté que estaba saliendo humo de un panel que se encontraba en una esquina de la alberca. Estúpidamente, nadé hacia éste para investigar. ¡Zap! Recibí un choque electrico. Me alejé y salí cojeando dandole las gracias a Dios de que no había perecido al instante. Repentinamente, recordé que todos mis amigos estaban dentro del agua. Comencé a gritarles para que salieran fuera. Algunos de ellos pensaron que era una broma, pero yo estaba tan preocupado por su seguridad que no me di por vencido hasta que salvé la vida de todos ellos.

Dios me habló, **"Daniel, quiero que salves a las personas de caer al infierno con la misma pasión con que salvaste a tus amigos en la alberca."**

Mi experiencia en la alberca ilustra como es la Cristianidad.Una vez Dios nos salvó, tuvimos una oportunidad, ¿simplemente nos alejamos dándole las gracias a Dios, o nos regresamos y salvamos a los demás que están en grave peligro?

¿Estás agradecido de que la persona que te guió al Señor estaba entusiasmada con el ganar almas? Ahora es tu turno para ayudar a alguien más.

Yo creo que todo Cristiano debe ser apasionado sobre el ganar almas. Este libro te inspirará a ganar almas en tu vecindad, en tu lugar de trabajo, en tu familia, en tu ciudad, y en todo el mundo.

Hay solo tres opciones para el Verdadero Ganador de Almas:

¡Ve y Testifica, Quédate y Predica, O ayuda Pavimentando El Camino!

Espero que este libro sea de ayuda en descubrir tu parte en traer el mundo a Jesús.

Tu compañero en Ganando Almas,

Daniel King

¡El tesoro más grande en el CIELO es un alma!

La única cosa que Dios valora es un alma.

"La Gloria de Dios es el hombre completamente en vida".
- San Irineo

¿Por qué las almas son tan valiosas para Dios? Ya que todo humano tiene el libre albedrío, un alma que decide amar a Dios es infinitamente amada, apreciada por Él.

El objeto más valioso en el cielo no es las calles doradas, las edificaciones de piedras preciosas, o las puertas de perlas, sino un alma que ha decidido amar a Dios.

"Así os digo, que hay gozo delante de los ángeles de Dios por un pecador que se arrepiente." (Lucas 15:10)

Dios tiene dos tronos:
Uno en lo más alto del cielo, y el otro en el corazón más bajo.

Dios puede crear cualquier cosa con una sola palabra, excepto un alma. Cuando Dios creó al mundo, El dijo "Hágase la luz" y se hizo la luz. La única cosa que Dios no puede crear de la nada es un agente libre que decida amarle a El.

A Dios no le costó nada crear, pero le costó todo el poder Redimir	*"Y dijo Dios: Sea la luz y fue la luz... Entonces Jehová Dios formó al hombre del polvo de la tierra, y sopló en su nariz aliento de vida, y fue el hombre un ser viviente."* (Génesis 1:3; 2:7)

El día más triste en el cielo fue cuando
Adan y Eva se separaron de Dios por haber pecado.
El día más feliz en el cielo fue cuando
Jesús hizo posible que la humanidad fuera restaurada a Dios.

Dios ha pagado un precio extremadamente alto por cada alma - ¡La sangre de Jesús! Ésta sangre fue derramada en la cruz para pagar el precio de redención por cada pecador. Ninguna otra comodidad en el universo ha demandado un precio tan alto.

"No hay un problema tan grande, ni humillación tan profunda, ni sufrimiento tan severo, ni amor tan fuerte, ni un gasto tan grande, por el cual valga la pena, como lo es el esfuerzo hecho para ganar un alma." - La Biblia Abierta

"...y la sangre de Jesucristo su Hijo nos limpia de todo pecado."
(1 Juan 1:7)

Así como la sangre de los patriotas de América norteamericanos
compraron la libertad de América norteamericana,
así la sangre de Jesús compró la libertad eterna.

" Lo que puedes hacer, tu debes de hacerlo, y lo que debes de
hacer con la ayuda de Dios, ¡Hazlo!"

Un alma fue la única posesión por la cual Dios estuvo dispuesto a
sacrificar Su único Hijo.

¡El tesoro más grande en el INFIERNO es un alma!

Jesús *"...redimirá su alma para que no pase al sepulcro"*
(Job 33:28)

Almas es la mercancía del Universo
Dios quiere almas. Satanás quiere almas.
Vidas eternas es por lo que Dios y Satanás se pelean.

" Os digo que así habrá más gozo en el cielo por un pecador que se arrepiente, que por noventa y nueve justos que no necesitan de arrepentimiento." (Lucas 15:7)

La única forma en que Satanás puede herir a Dios es robándole un alma.

"El ladrón no viene sino para hurtar y matar y destruir; yo he venido para que tengan vida, y para que la tengan en abundancia." (Juan 10:10)

Cada vez que un alma entra en la eternidad, o Dios o Satanás se alegra. Si el alma va al cielo, Dios y todos sus ángeles hacen una fiesta. Si el alma va al infierno, Satanás y todos sus demonios hacen una fiesta.

"Y no temáis a los que matan el cuerpo, mas el alma no pueden matar; temed mas bien a aquel que puede destruir el alma y el cuerpo en el infierno." (Mateo 10:28)

La guerra espiritual sin ganar almas no tiene sentido. Puedes dar volteretas hacia arriba y hacia abajo y orar todo el día, pero no has ganado una guerra espiritual hasta que hayas desprendido de las garras de Satanás un alma.

La única forma de herir a Satanás,
es redimiendo un alma de sus garras.

"Los amigos no dejan que sus amigos vayan al infierno"
-Visto en una camiseta

Los ángeles se regocijan cuando un pecador se hace salvo, es de igual importancia saber que los demonios se enfurecen cada vez que un pecador viene a Dios. Los poderes demoníacos van a usar cualquier arma de su sucio arsenal con tal de evitar que un alma sea salvada.

"Porque no tenemos lucha contra sangre y carne, sino contra principados, contra potestades, contra los gobernadores de las tinieblas de este siglo, contra huestes espirituales de maldad en las regiones celestes." (Efesios 6:12)

Los ataques más grandes de Satanás es contra aquellos que están ganando almas de su reino demoníaco.

" No hay puertas cerradas al Evangelio, sabiendo que, tan pronto pases la puerta, no te importe si vas a volver atrás."
- Hermano Andrés

"!Debemos vaciar el Infierno para Llenar el Cielo!" - Reinhard Bonnke

¡El tesoro más grande en la Tierra es un alma!

A Dios no le importa las riquezas del mundo, todo lo que a Él le importa son las almas.

"La iglesia de Jesucristo no es un bote de placer, en un bote salvavidas. Desde el capitán al cocinero, todas las manos se necesitan a bordo para ganar almas."
-Reinhard Bonnke

En el corre y corre de la vida, ponemos gran valor al dinero, carros, y casas; pero cuando el Padre mira hacia abajo desde el cielo, todo lo que a Él le importa son las personas.

"Una iglesia que no busca a los perdidos esta en sí misma perdida."
-Reinhard Bonnke

Un alma es mucho más valiosa que toda la riqueza acumulada del mundo. Si tu colocas en un lado de una balanza toda la riqueza del mundo y colocas al otro lado un alma, una simple alma, pesaria más que la riqueza de todo el mundo.

El regalo más grande que le puedes dar a Dios es tu alma.

Jesus dijo, *"Porque ¿Qué aprovechará al hombre, si ganare todo el mundo, y perdiere su alma? ¿ O qué recompensa dará el hombre por su alma?* (Mateo 16:26)

El segundo regalo más grande que le puedes dar a Dios es el alma de otra persona.

"Y todo aquel que invocare el nombre del Senor, será salvo."
(Hechos 2:21)

"El fruto del justo es árbol de vida; y el que gana almas en sabio." (Proverbios 11:30)

El darle tiempo o dinero a Dios tiene solo dos propósitos.
Primero, es una forma de demostrarle a Dios
que tu alma pertenece a Él.
Segundo, es una forma de ayudar a ganar almas
para el Reino de Dios.

" Tu tienes un solo negocio en la tierra, y es ganar almas; por lo
tanto, dedíca y dedícate a este trabajo." - John Wesley

No puedes tomar dinero o posesiones contigo al cielo. Las almas es el único tesoro que te puedes llevar al cielo cuando mueras.

" En la eternidad no habrá nada más importante de ésta vida que
las personas que tú y yo alcancemos para Cristo."
- Mike Downey

Muchos Cristianos no obtienen la cosecha porque están plantando
semillas en ministerios que no están salvando almas.
Solo sembrando semillas en la buena tierra del mundo del
evangelismo producirá una cosecha.

"Yo iré abajo si tu sostienes la cuerda."
- William Carey

El mayor uso de un tesoro terrenal
es comprando un tesoro celestial
La única forma de comerciar tesoros terrenales
por tesoros celestiales, es ganando almas.

"El hombre que da lo que no puede tener
a cambio de ganar lo que no puede perder es sabio".
- Jim Elliot

Alimentar al pobre, cuidar al enfermo, construir Escuelas Bíblicas,
e iniciar iglesias es solo valioso si ayuda a las personas a alcanzar
el cielo. Una preciosa iglesia no sirve de nada si está vacía.

Dios no mora en los edificios de las iglesias, El vive en los
corazones de las almas que ocupan las iglesias.

Cuando llegues al cielo, serás juzgado de acuerdo a la condición de tu alma, pero serás recompensado de acuerdo a cuántas almas has traído contigo al cielo.

¡La pasión de Jesús le llevó a la CRUZ,
Ahora nuestra pasión nos lleva a los PERDIDOS!
- T. L. Osborn

El único indicador económico de éxito o fracaso en el cielo será las almas que traigas contigo. Las joyas en tu corona será la recompensa del número de almas que ayudaste a salvar.

"Pobre de mí sino predico el Evangelio."
-Pablo el Apostol

'"DAME ALMAS O MUERO"
-John Knox

TODO lo que Dios quiere de ti es tu alma. El no necesita tu dinero, El desea tu Amor. Darle dinero a Dios es solo una forma de decirle que El tiene toda tu alma.

"La gloria de Dios, asi como la única forma de glorificarle, es la salvación de las almas humanas, este es el verdadero negocio de la vida." - C.S. Lewis

Ganar almas es la ocupación más grande disponible en la tierra.

"Realmente no hay gozo más profundo que el de salvar almas." - Lottie Moon

Ganar almas es la única misión en la que vale la pena invertir tu vida (y riqueza). ¿Cuántas almas puedes comprar con tus talentos y recursos?

Cada alma en la tierra está sedienta de una relación con Dios. Existen millones de almas listas para aceptar a Dios, si solamente se les dijera la verdad de cómo llegar al cielo.

"Como el ciervo brama por las corrientes de las aguas, así clama por Ti, oh Dios, el alma mía."
(Salmos 42:1).

Una vez una sociedad misionera le escribió a David Livingstone, cuando él estaba en lo más profundo del África, y le preguntó: "¿Has podido encontrar una buena carretera en donde tú estás? Si es así, queremos saber cómo podemos enviar otros hombres para que se unan a ti."

Livingstone respondió: "Si usted tiene hombres que vendrán solamente si saben que existe un buen camino para llegar, no los quiero. Quiero aquellos hombres que vendrán aunque no haya un camino por donde llegar."

" Si lees la historia encontrarás que los Cristianos que más
hicieron por este mundo, fueron precisamente
aquellos que pensaron más en el otro mundo.
Es precisamente cuando los Cristianos dejaron
de pensar en el otro mundo,
cuando ellos han dejado de ser efectivos en este." - C.S. Lewis

Las bendiciones de Dios son las recompensas para aquellos que ganan almas. Hay un nivel de bendición para aquellos que han dado su propia alma a Dios, pero hay un nivel aun más alto de bendiciones para aquellos que han llevado otras almas a Dios.

El único valioso regalo que podemos dar a Dios es un Alma. El dar dinero para ganar almas es la mejor inversión que puedes hacer. Ganar almas es la unica inversión finita que produce un retorno infinito.

"Conocer la voluntad de Dios es el tesoro más grande en la vida. "Hacer la voluntad de Dios es el placer mas grande en la vida."

Evangelizar no es una tarea reservada solamente para el clero, es realmente un trabajo para todo creyente.

" La evangelización Mundial requiere que toda la Iglesia tome todo el Evangelio (Las Buenas Nuevas) a todo el mundo."
- El Pacto Lausanne

Con mas de 6 billones de almas en la tierra, la iglesia debería de
soñar en Grande, ponerse metas Grandes,
dar Grandes cantidades de dinero, y hacer Grandes cosas,
con el fin de ganar tantas almas como sea posible.

Las riquezas terrenales
no durarán para siempre,
pero las riquezas del cielo son eternas.

*"Sino haceros tesoros en el cielo, donde ni la polilla ni el
orín corrompen, y donde ladrones no minan ni hurtan."*
(Mateo 6: 20)

Aquellos que DAN para predicar el evangelio recibirán la misma recompensa de aquellos que predican el evangelio.

*"...Porque conforme a la parte del que desciende a la batalla, asi
ha de ser la parte del que queda con el bagaje;
les tocará parte igual."* (1 Samuel 30:24)

"Dios no quiere mendigos de lo posible,
sino mas bien visionarios de lo imposible."
- C. T. Studd

El tiempo de pensar en pequeño se acabó.

"Honramos a Dios cuando perseguimos grandes cosas. Es cosa humillante pensar que nos conformamos con resultados muy pequeños." - D. L. Moody

"Nunca probaremos los recursos de Dios hasta que tratemos lo imposible."
- D.L. Moody

Cuando damos a Dios lo mejor nuestro,
El nos da lo mejor Suyo.

Existen millones de personas muriendo cada año sin la oportunidad de oir el Evangelio. Y existen millones de Cristianos que nunca han tomado el tiempo para compartir el Evangelio.

"El Evangelio son Las Buenas Nuevas solo si llegan a tiempo." - Carl F. H. Henry

Si no tienes la visión de alcanzar a los perdidos, todas las vidas que tu puedes salvar morirán en la muerte eterna.

"Lleva a cabo grandes cosas para Dios.
Espera grandes cosas de Dios."
- William Carey

"Sin profecia el pueblo se desenfrena."
(Proverbios 29:18)

Ninguna visión ha sido lo suficientemente grande para satisfacer las expectativas de Dios, ni tan costosa que gastara Sus recursos.

"Y Jehová me respondió, y dijo: Escribe la visión, y declárala en tablas, para que corra el que leyere en ella.....espéralo, porque sin duda vendrá, no tardará."
(Habacuc 2:2-3)

Las metas escritas es quizás el poder más grande del Universo. Cuando usas papel y lapiz, las ideas salen del mundo de sueño al mundo real. De manera que, ¿cuál es tu meta de ganar almas para tu vida? ¿Para este año? ¿Para el dia de hoy?

La visión atrae recursos como si fuera un supermagneto que atrae metales. La atracción es irresistible, sin descanso, y todopoderosa.

"Los visionarios nunca están dispuestos a desechar la visión de Dios porque simplemente los recursos parecen inaccesibles....Una de las verdades mas notorias acerca de la visión es que cuando la visión es implementada, contrario a consumir recursos, el resultado es que crea recursos." -George Barna

¡Al Infinito....
y Más Allá!

1. Cada alma vivirá un tiempo infinito. *"E irán estos al castigo eterno y los justos a la vida eterna"* (Mateo 25:46).

2. Cada alma experimentará una cantidad infinita de dolor o de placer. *"El alma que pecare, esa morirá"* (Ezequiel 18:20).

3. Cada alma es infinitamente preciosa para Dios. *"Porque de tal manera amó Dios al mundo, que ha dado a su hijo unigénito, para que todo aquel que en Él cree, no se pierda, mas tenga vida eterna"* (Juan 3:16).

4. Dios estuvo dispuesto a pagar un precio infinito por cada alma. *"Los que confían en sus bienes, y de la muchedumbre de sus riquezas se jactan, ninguno de ellos podrá en manera alguna redimir al hermano, ni dar a Dios su rescate (porque la redención de su vida es de gran precio..."* (Salmos 49:6-8).

5. La sangre de Jesús está disponible para salvar un número infinito de almas. *"Y la sangre de Jesucristo su Hijo nos limpia de todo pecado"* (1 Juan 1:7).

6. Cada alma tiene el valor de una cantidad infinita de trabajo de nuestra parte. *"El que gana almas es sabio"* (Proverbios 11:30).

7. Un regalo monetario para ganar almas, toma instantáneamente un valor infinitamente valioso. *"...El que siembra generosamente, generosamente también segará"* (2 Corintios 9:6).

Henry Ford dijo una vez: "Estoy buscando muchos hombres con una capacidad infinita que sepan que todo puede ser hecho." Pienso que Dios está buscando el mismo tipo de personas.

¿QUIÉN LES HABLARÁ SINO ERES TÚ?

¡Mientras Vas, Predica!

La Biblia dice en Mateo 10:7, *"Y yendo, predicad, diciendo: El reino de los cielos se ha acercado."* Note que este verso no dice "Cuando llegues al area de tu misión predica" o "Domingo en la mañana cuando estes en el púlpito predica." Dice: "Y yendo,predicad."

En el lenguaje Griego original, éstas palabras están en el tiempo presente continuo. Esto significa que estamos supestos a predicar la llegada del Reino a donde quiera que vayamos. De manera que, podemos traducir este verso para el mundo de hoy, "Y cuando vayas a la tienda de alimentos, predica" o "Yendo al trabajo, predica", o "Cuando vayas al partido de fútbol de tu hijo, predica."

¡Si quieres atrapar pescado, Ve donde los pescados estan nadando!

Debemos ser pescadores de hombres, no cuidadores de un acuario.
-Mike Francen

Oswald J. Smith dijo: "Nuestro deber no ha sido hecho cuando ministramos solo a aquellos que vienen a nuestra iglesia. Si ellos no vienen, no tenemos otra opción que ir a ellos."

1. El trabajo de la Iglesia es ganar a los perdidos.
2. Los perdidos, la mayoría de las veces , nunca entran por si solos a nuestras iglesias.
3.Por lo tanto, es nuestra decisión llevar Las Buenas Nuevas fuera de las paredes de la iglesia a donde los no salvos pasan su tiempo.

Salvación Diaria Requiere, Evangelismo Diario

"Y el Señor añadía cada día a la iglesia los que habían de ser salvos" (Hechos 2:47). Los Pastores hacen llamados de altar después de predicar los Domingos y Miércoles, pero en la iglesia del Nuevo Testamento, las personas estaban siendo slavas todos los días. ¿Cómo puede esto pasar en la iglesia de hoy a menos que cada miembro de la iglesia sea testigo diariamente?

Debemos imitar a los primeros Cristianos quienes *"Todos los días, en el templo y por las casas, no cesaban de enseñar y predicar a Jesucristo"* (Hechos 5:42).

Dios es solo limitado por nuestra imaginación.

Imaginese a usted teniendo un jet de combate y tratando de manejarlo para ir a la tienda de alimentos. Los Cristianos tenemos todo el poder del Universo a nuestra disposición, pero aun así solo lo utilizamos para sanar un dedo herido o para pagar la renta. Claro, un jet podría ir por el camino hacia la tienda de alimentos, tumbando con sus alas todos los postes telefónicos que encuentre en el camino, y eventualmente llegar a la tienda pero esto sería un tremendo gasto y pérdida de poder supersónico.

Cuando un piloto de batalla se coloca en un jet, el quiere viajar a dos veces la velocidad del sonido, no quedarse sentado a esperar las luces rojas. Es tiempo de pensar en grande, viajar rápido, y usar el poder de Dios al máximo.

Como Ser Un Buen Amigo.

James Kennedy dijo: "Muy a menudo el "evangelismo amistoso" nunca va mas lejos de simplemente la amistad. Muchas veces el creyente se contenta con "testificar" con el ejemplo de su estilo de vida, asumiendo que algun día, de alguna manera, su amigo le preguntará cómo podrá el venir a Cristo. O este se envuelve tanto en la amistad que teme perderla si trae el tema del Evangelio."

Es tiempo ya de que de una manera agresiva, estemos seguros que las personas que llamamos amigos, van a ir al cielo. Tus relaciones son puentes diseñados para poner en contacto las personas con Dios.

Pronóstico del Tiempo para Hoy

Cielo   21°C

Infierno   10,666°C

¿En dónde te gustaría pasar la eternidad?

Donde Está Tu Corazón Esta Tu Dinero.

Tu control de cheques revela tus prioridades. Si dedicaras 10 minutos a mirar tu estado financiero de este mes, ¿delataría tu apatía o confirmaría tu pasión por las almas?

Qué es más importante:

* *¿Cambiar vidas o cambiar tu aceite?
* ¿Alimentar espiritualmente los hambrientos o alimentarte a ti mismo?
* ¿Invertir en la eternidad o invertir en retiro?
* ¿Pagar tu deuda con Dios o pagar el préstamo de tu casa?

No maldigas la oscuridad cuando tú puedes encender una luz.

Estuve visitando una cueva con mi familia. El guía queriendo duplicar las condiciones que originalmente experimentaron los primeros exploradores, apagó todas las luces. ¡Estaba oscuro! El guía encendió una pequeña llama y para mi sorpresa, esta iluminó toda la cueva. El mundo es un lugar oscuro, pero todo lo que se toma es una luz para hacer una gran diferencia. ¿Serás tu esa luz brillante?

"Así alumbre vuestra luz delante de los hombres, para que vean vuestras buenas obras, y glorifiquen a vuestro Padre que está en los cielos."(Mateo 5:16)

Pide y se te Dará

¿Has sentido alguna vez que tu pasión por alcanzar a los perdidos está menguando? ¿Bostezas cuando están presentando las imágenes del trabajo misionero? ¿Has puesto alguna vez un dólar durante las ofrendas solo porque tienes que hacerlo? Si te sientes culpable por no importarte lo suficiente, pide a Dios una nueva pasión por las almas.

Ve, ora un momento y pídele a Dios que llene tu corazón con el mismo amor por los perdidos que llena Su corazón.*"Pídeme y te daré por herencia las naciones. Y como posesión tuya los confines de la tierra."* (Salmos 2:8).

Tres Cosas que Dios Quiere:
Nuestro Tiempo
Nuestro Talento
Nuestro Tesoro

¿Estás dando a Aquel que te dio todo?

No te pongas tu traje de baño cuando Dios dice "Camina sobre las Aguas"

Pedro, cuando vio a Jesús caminar sobre las aguas, gritó "Señor, si eres tu manda que yo vaya a ti sobre las aguas." Jesús respondió con una sola palabra, "Ven". Basado en UNA PALABRA de Jesús, Pedró desafió las leyes de gravedad. Solo por UNA PALBRA Pedro saltó del bote a las paginas de la Biblia. Con Fe y UNA PALABRA Pedro se paró y tomó acción.

UNA PALBRA de Dios cambiará tu vida para siempre.

Dios ama las multitudes.

Algunas personas dicen, "Dios no está interesado en números". Ellos fallan en reconocer que Dios tiene un libro completo llamado Números. Ellos dicen, "No queremos cantidad, nosotros queremos calidad." Pero Dios quiere cantidad con calidad. No tienes que tomar una decisión entre ellos, puedes tener los dos. Si no te importa los números, entonces no te importan las personas. Que tú digas que no te importan los números es decir que Tomas, David y Sandra se "Vayan al Infierno". Todo número representa un alma. - Billy Joe Daugherty

Evangelismo de Poder

Un foco sin baterías es como un Cristiano sin el Espiritu Santo. Jesús prometió, *"Recibireis poder cuando haya venido sobre vosotros el Espiritu Santo, Y me sereis testigos"* (Hechos 1:8). Es el poder del Espiritu Santo que nos capacita para ser las luces que brillan sobre todo el mundo.

> "Mientras no sean llenos con El Espiritu Santo, no vayan. Despues de ser llenos con El Espiritu Santo, no se queden".
> - P.J.Titus

¡Testifiquen en Todas partes!

Jesús dijo, *"...Me sereis testigos en Jerusalem, en toda Judea, en Samaria y hasta lo ultimo de la tierra"* (Hechos 1:8).

Jerusalen fue la ciudad donde los discìpulos vivieron,
¿Estas testificando en tu ciudad?

Judea fue el Condado de los discìpulos,
¿Estas cambiando tu condado?

Samaria fue el condado vecino,
¿Estas tu alcanzando otros condados?

La Tierra es un globo. ¿Algo redondo como un globo tiene fin? ¡No! Si tomas como punto de partida tu casa y comienzas a viajar, nunca encontrarás el fin de la tierra. Esto significa que debemos ir a todas partes y hablarles de Jesús...y no estamos dispuestos a parar. *"..vosotros pues sois mis testigos, dice jehovah, que yo soy Dios"(Isaias 43:12).*

Si no tratamos de ganar almas, seremos encontrados culpables de su perdición.

"Cuando yo dijere al impío: De cierto morirás; y tu no le amonestares ni le hablares, para que el impio sea apercibido de su mal camino a fin de que viva, el impio morirá por su maldad, pero su sangre demandaré de tu mano. Pero si tu amonestares al impío, y él no se convirtiere de su impiedad y de su mal camino, él morirá por su maldad, pero tú habrás librado tu alma" (Ezequiel 3:18,19).

La palabra "Evangelio" significa "Buenas Nuevas."

¿Cuáles son las buenas nuevas para el pecador?
¡Que Jesús puede salvarte!

¿Cuáles son las buenas nuevas para el enfermo?
¡Que Jesús puede sanarte!

¿Cuáles son las buenas nuevas para el cautivo?
¡ Que Jesús puede liberarte!

¿Cuáles son las buenas nuevas para el depresivo?
¡Que Jesús puede darte gozo!

¿Cuáles son las buenas nuevas para el pobre?
¡Que Jesús puede hacerte rico!

Los evangelistas cuentan las personas, porque las personas cuentan.

Algunos sugieren que no puedes medir el éxito de un ministerio basado en números, pero yo pienso que que todo depende de qué números tu cuentes. Si cuentas el número de personas que oyen el mensaje por primera vez, el número de personas salvas, el número de personas sanas, el número de creyentes inspirados para hacer grandes cosas, entonces los números son importantes. Cada número representa una vida cambiada para la eternidad.

¿Por qué creo en las cruzadas evangelísticas de grandes masas? En estos últimos tiempos el débil no puede dar abasto con la cosecha masiva, necesitamos una maquinaria combinada. ¿Por qué usar una caña de pescar cuando podemos lanzar una red?

"El evangelismo es un proceso que regularmente requiere de una exposición repetida al Evangelio." - Rick Warren

Los ejecutivos de mercadeo saben que se lleva un promedio de siete contactos positivos con un producto antes de que una persona los use. Recientemente una nueva bebida llego al mercado. Vi tres anucios en la television, escuche un anuncio en la radio, un amigo me dijo que la probó y le gustó, la ví en la vitrina de una tienda, y la etiqueta de la botella me llamó la atención antes de decidir probarla. Ninguno de estos encuentros fue suficientemente fuerte por si solo para que me decidiera a probar esta nueva soda. Pero cuando todos estos fueron combinados, me influenciaron en la decisión de comprarla. Muchas veces toma mas de un verdadero encuentro, para que una persona decida dedicarle su vida a Cristo. Si alguien no se salva inmediatamente, no se depcione....siga dando su testimonio.

No es nuestra responsabilidad traer todas las personas a Cristo, Pero si es nuestra responsabilidad llevar a Cristo a todas las personas.

> *"Echad la hoz porque la mies esta ya madura...*
> *muchos pueblos en el valle de la decision; porque cercano esta el*
> *dia de Jehova en el valle de la decisión"* (Joel 3:13-14).

La mies esta madura, pero los trabajadores son pocos. Las máquinas están oxidadas, la hoz se ha perdido, y el depósito en el establo tiene un hoyo en el techo. El sol está brillando, el grano está listo para comer, pero en los campos no hay un solo trabajador. Los granjeros estan ocupados limpiando la cosecha del año pasado. Están contando, organizando, reportando, en lugar de cosechar.

¿Cuán grande es la Gran Comisión?

La Gran Comisión requiere de todo Cristiano, dé todo recurso, y dé toda chispa de creatividad que la iglesia pueda tener. No podemos cambiar el mundo ignorandolo. No podemos cumplir con la Gran Comision dando ofrendas mediocres, ni tampoco enviando individduos "promedios" en misiones. La Gran Comisión demanda lo mejor nuestro y los mejores talentos, nuestras mejores ideas, nuestras mejores ofrendas, y nuestros mejores jóvenes.

La iglesia es un lugar de entrenamiento para la batalla en contra de las fuerzas del mal, no solo un refugio para las tormentas de la vida.

La batalla es grande pero los soldados se han ausentado sin permiso. La armadura está oxidada, las espadas sin filo, y los escudos están llenos de hoyos. Las órdenes de marchar en contra del enemigo han sido ignoradas, la voz del comandante no es reconocida, y los oficiales están ocupados sanando soldados heridos, por lo que no pueden entrar en batalla.

Los cristianos son una armada poderosa. Es tiempo de avanzar y atacar. No podemos retirarnos o no avanzar. Un ejército que ataca es victorioso. Para el ejército de Dios la defensa no es una opción. Hemos estado en retirada por demasiado tiempo en contra de los ataques de satanás.! No más! El diablo debe de ser puesto en huída.

¿Estás pensando en tu propio negocio, o en el negocio de tu Padre?

La evangelización es simplemente mercadeo, entrenar discipulos es como el mercadeo de niveles múltiples, la iglesia es un seminario de entrenamiento de ventas, guiar a alguien a Cristo es como hacer una venta, e ir al cielo es como el retiro.

El mercado está listo. Nuestro producto es de infinito valor, ¡y es gratis! Pero los agentes de venta de Dios le están quedando mal. Hablamos de cosas triviales en vez de la verdad. Nos preguntamos por qué los artilugios y adornos no pueden agradar a los compradores hambrientos. ¡Tenemos agua viva y el pan de vida pero muchas veces ofrecemos solamente toallas húmedas y pequeñas migajas!

Amar a Dios es lo primero, Ganar almas esta en un segundo cercano.

El primer y mayor mandamiento es amar a Dios con todo tu corazón, mente, alma, y fuerza. El segundo mandamiento es *"Amar a tu projimo como a ti mismo"* (Lucas 10:27).

Nuestro propósito #1 de estar aquí en la tierra es adorar a Dios. El propósito #2 es ayudar a otras personas a descubrir su proposito #1 de estar en la tierra.

El primer mandato que Jesús dio a sus discipulos fue *"Ven y sigueme"* (Marcos 1:17). El último mandato que les dio fue *"..id y haced discipulos"*(Mateo 28:19).

Jesus dijo: *"y hare que seais pescadores de hombres"*(Marcos 1:17).

"La diferencia entre atrapar hombres y atrapar peces, es que atrapas peces vivos y luego mueren. Atrapas hombres muertos y los traes a vida."- Dawson Trautman

¿Cuál es el secreto para ganar almas?
Ama a Dios.
Ama a las personas.

Almas son Eternas

"Aquel que gana almas es sabio," porque ha seleccionado un objetivo sabio. Creo que fue Miguel Ángel que una vez elaboró unas estatuas magníficas en nieve. Desaparecieron, el material compactado por el frío, se derritió en el calor. Muy sabio fue cuando utilizó mármol y produjo obras que duraran por tiempo. Pero aún el mármol es consumido por el pasar del tiempo; y es sabio el que selecciona como material de trabajo las almas inmortales, cuya existencia sobrepasará al de las estrellas." -Charles Spurgeon

Predicando con Propósito

El propósito de predicar no es para impresionar a las masas con tu sabiduría, o el uso de grandes palabras, o hacer que las personas rían con historias elocuentes y jocosas. El objetivo es convencer a hombres y mujeres de la verdad y guiarlos a El Salvador. Cualquier cosa menos es una pérdida de su aliento y del tiempo de los demás.

"El ministerio de predicar el Evangelio debe siempre tener como objetivo, ganar almas." -Charles Spurgeon

¿Qué hace feliz a Dios?

Quizá esté un poco prejuiciado pero pienso que ser un evangelista, es el mejor trabajo en el universo. Jesus dijo, *"Os digo que habra mas gozo en el cielo por un pecador que se arrepiente, que por noventa y nueve justos que no necesitan de arrepentimiento"* (Lucas 15:7). Pastorear iglesias es grandioso, enseñar a los santos es grandioso, pero el gozo más grande de Dios es cuando un pecador se salva.

Si escucha atentamente el latido del corazón de Dios, oirá el latido rítmico,

"Almas..Almas...Almas... Almas....Almas...Almas

Oh, si nuestros corazones latieran con la misma cadencia intensidad.

¿Qué tan lejos puede brillar tu luz?

Alguien pregunta, "¿Por qué preocuparme con el evangelismo mundial cuando hay tantas personas cerca que todavía no son salvas?"

Oswald J. Smith contesta, ¿Por qué debe alguien oír el evangelio dos veces antes de que todas las personas lo oigan por primera vez?

Las luz que brilla a lo lejos brilla más fuerte cerca de casa. De acuerdo a mi experiencia, aquellos que están más entusiasmados de llevar el evangelio a su vecindario, son aquellos que tienen un corazón por todo el mundo.

7 Razones para Ser un Ganador de Almas

Razón #1: Es un mandato Bíblico

"Y les dijo: "Id por todo el mundo y predicad el evangelio a toda criatura" (Marcos 16:15). Ésta es la Gran Comisión, No es simplemente una buena sugerencia. ¿Qué piensas que Dios quiso decir cuando dijo "Id"? "La Gran Comisión no es una opcion para ser considerada, es una orden a obedecer" – J. Hudson Taylor.

Razón #2: El Amor nos llama a esto

"El amor de Cristo nos constriñe....Y todo esto proviene de Dios, quien nos reconcilió consigo mismo por Cristo, y nos dió el ministerio de la reconciliación..que Dios estaba en Cristo reconciliando consigo al mundo, no tomandoles en cuenta a los hombres sus pecados, y nos encargó a nosotros la palabra de la reconciliación. Asi que, somos embajadores en nombre de Cristo" (2 Corintios 5:14; 18-20).

Razón #3: La cosecha lo demanda

"¿No decis vosotros: Aun faltan cuatro meses para que llegue la siega? He aquí os digo: Alzad vuestros ojos y mirad los campos, porque ya estan blancos para la siega" (Juan 4:35). La cosecha está lista para una temporada luego se echa a perder. Hay solo una pequeña ventana de tiempo disponible para alcanzar a las personas y debemos tomar toda la ventaja posible de ésta oportunidad. Llevemos el evangelio de manera que la cosecha sea recogida o segada.

Razón #4 : El mundo lo necesita

"Porque los lugares tenebrosos de la tierra están llenos de habitaciones de violencia" (Salmo 74:20). Todo lugar que no ha escuchado de Jesús está lleno de tradiciones crueles, situaciones abusivas, y de horror indescriptible. Cuando las personas están sin

la presencia de Dios se hacen cosas terribles unos a otros. Solo el evangelio puede cambiar los corazones y las mentes de aquellos controlados por satanás.

Razón #5: Alguien está rogando

"Y se le mostró a Pablo una visión de noche: un varon macedonio estaba en pie, rogándole y diciendo: Pasa a Macedonia y ayúdanos"* (Hechos 16:9). Pablo se preguntaba a dónde debería ir a ministrar la Palabra cuando este hombre apareció rogando por ayuda. En respuesta a este llanto desesperado, Pablo se dirigió a la ciudad de Filipos en la provincia de Macedonia y formó una iglesia. En este momento, alguna persona está rogando por tu ayuda. Si escuchas con tus oídos espirituales, escucharás el llanto desesperado de las almas perdidas que te necesitan.

Razón #6: La Compasión en ti te lo pide

"Y al ver (Jesús) las multitudes, tuvo compasión de ellas; porque estaban desamparadas y dispersas como ovejas que no tienen pastor" (Mateo 9:36). Jesús tuvo compasión porque su Padre tuvo compasión (Salmos 86:15). Debemos tener compasión por los perdidos, porque Jesús tuvo compasión por nosotros cuando estábamos perdidos.

Razón #7: La venida de Cristo depende de esto

"Y será predicado este evangelio del reino en todo el mundo, para testimonio a todas las naciones; y entonces vendrá el fin" (Mateo 24:14). ¿Quieres que Cristo regrese? El tiempo de su retorno está en las manos de la iglesia. Tan pronto como cumplamos con la tarea que Él nos dejó, Él vendrá por nosotros.

Tu destino comienza siendo un servidor

D.L. Moody dijo: "Hay muchos dispuestos a hacer grandes cosas para el Señor, pero muy pocos dispuestos a hacer pequeñas cosas."

Jesús dijo: *"Bien, buen siervo y fiel; sobre poco has sido fiel, sobre mucho te pondré; entra en el gozo de tu señor"* (Mateo 25:21).

Si quieres hacer grandes cosas para Dios, comienza ganando las almas de tu alrededor y Dios en cualquier momento te pondrá en una posición de gran influencia.

Antes de que puedas ser un pescador, debes de ser un seguidor.

Las instrucciones dadas deben de obedecerse en la secuencia apropiada. Tu ministerio comienza cuando te olvidas del mundo y sigues a Cristo. Si no estas siguiendo de todo corazón a Jesús, no atraerás ninguna alma perdida. Como dijo Charles Spurgeon, "El Cristiano mundano no convertirá al mundo...Si marchas con la armada del Maligno, no podrás derrotarlos. Creo que una razón de por qué la iglesia de Dios tiene tan poca influencia sobre el mundo, es porque el mundo tiene mucha influencia sobre la iglesia."

¿Eres tú sabio?

"El que gana almas es sabio"
(Proverbios 11:30).

La Biblia no dice, "El que hace dinero es sabio", o "La que escribe libros de éxito de ventas es sabia", o "El que predica es sabio", o incluso "Aquellos que hablan de como ganar almas son sabios". Solo aquellos que están realmente llevando los perdidos a Cristo son sabios. ¿Tu calificas?

"Porque todo aquel que invocare el nombre del Señor será salvo. ¿Cómo, pues, invocarán a aquel en quien no han creído? ¿Y cómo creerán en aquel de quien no han oído? ¿Y cómo oirán sin haber quien les predique? ¿Y cómo predicarán si no fueren enviados? (Romanos 10:13-15).

Para que el predicador de hoy en día pueda ser enviado, alguien debe de dar dinero para poder comprar el boleto de avion. El dinero se necesita para pagar por el sistema de sonido, tiempo en la televisión, distribución de literatura, etc.

La salvación de un alma perdida comienza con el sonido del dinero cayendo en la cubeta de ofrendas. Cada centavo representa una persona, cada cinco centavos una necesidad, cada peso un destino.

Tu dinero hace la diferencia en la eternidad.

Jesús viene pronto........
Mas rápido de lo que piensas.
¿Estás listo?

¿Tu vecino está listo?
¿Las naciones están listas?

¿Serás parte del Gran Final de Dios?

"Y busqué entre ellos hombre que hiciese vallado y que se pusiese en la brecha delante de mí, a favor de la tierra..." (Ezequiel 22:30).

"Después oí la voz del Señor, que decía: ¿A quién enviaré?.....Entonces respondí yo: Heme aquí, envíame a mí" (Isaias 6:8).

"Mirad entre las naciones, y ved, y asombraos; porque haré una obra en vuestros días, que aun cuando se os contare, no la creeréis" (Habacuc 1:5).

Personas de todos los colores adorarán frente al trono.

"Y será predicado este evangelio del reino en todo el mundo, para testimonio a todas las naciones; y entonces vendrá el fin". (Mateo 24:14).

La palabra "naciones" usada en este verso, viene de la palabra Griega ethnos, que es de donde viene la palabra "étnico". Se refiere a todos los grupos de personas, grupos de lenguajes, y grupos culturales del mundo.

"Y cantaban un nuevo cántico, diciendo: Digno eres de tomar el libro y de abrir sus sellos; porque tú fuiste inmolado, y con tu sangre nos has redimido para Dios, de todo linaje y lengua y pueblo y nación" (Apocalipsis 5:9).

¡Iglesia, es tiempo de despertar!

"Si encontraras la cura del cáncer, sería inconcebible que la ocultaras del resto de la humanidad. Mucho más inconcebible es que guardes silencio con la cura para las almas que serán condenadas a muerte eterna".- Dave Davidson

"Hoy en día un avión jumbo jet puede ser secuestrado con 80 personas a bordo. Un evento como este estaría en primera plana de todos los noticieros del mundo. Sin embargo, el hecho de que millones son mantenidos presos en oscuridad eterna en el infierno como su lugar de tormento, es apenas mencionado por los cristianos de hoy en día" -Mike Francen

¿Estás orando fuertemente, o a fuerzas estás orando?

Estoy de acuerdo con Gordon Lindsay, "Cada persona debe de orar por lo menos una oración apasionada (violenta) cada día".

Para orar no se necesita de un pasaporte. No existe un "país cerrado," cuando hablamos del poder de la oración.

El ganar almas depende más de los callos en tus rodillas, que de lo ingenioso de tus planes.

"La gran tragedia en la vida no es la oración no contestada, sino la oración que no se hace".
–F.B. Myer

¿Nuestra Meta? ¡Toda Alma!

"Todo lo que no es eterno, está eternamente fuera de fecha."
-C.S.Lewis

"El diablo quiere que hagas cosas buenas, porque haciendo cosas buenas te alejará de hacer lo mejor de Dios. Y lo mejor de Dios es ganar almas." -Lester Sumrall

"Si mantienes como prioridad número uno ganar almas, nunca estarás fuera de la voluntad de Dios." –Lester Sumrall

¿Comó Ganar Personas para El Señor?

1. Busca oportunidades para compartir el Evangelio.

Compartir a Cristo es parecido a como cuando un hambriento a encontrado pan y le está contando a otro hambriento dónde encontrar el pan. No importa a dónde vayas siempre te rodearán personas que necesitan a Jesús. ¿Dónde están esas personas?

- En el trabajo - Familiares   - Camareras
- Vecinos   - Compañeros de estudio   - Cajeros
- Amigos   - En un vuelo aéreo   - Campo misionero

Jesús testificó a una mujer en un pozo (Juan 4), Andres llevó a su hermano Pedro a Jesús (Juan 1), Felipe trajo a Nataniel (Juan 1), Pedro testificó al paralítico en la entrada del templo (Hechos 3), y Pablo testificó a su carcelero (Hechos 16). Encuentra a alguien que necesite a Jesús y comienza a TESTIFICAR.

2.Inicia una conversación hablando de Dios.

De acuerdo a Bill Hybels, "El evangelismo debe ser tan natural como lo es el respirar". No tiene que ser difícil o intimidante. Testificar debe de ser tan simple como que fluya de ti lo que Dios ha hecho por ti.

Preguntas para iniciar una conversación: ¿Te gustaria oir algunas Buenas Noticias? ¿Es Jesús el Señor de tu vida? ¿Si murieras esta noche estás seguro de que irás al cielo? ¿Cuál es tu relación con Dios? Otra forma de crear interés es compartiendo tu testimonio. Podrias decir, " ¿Sabias que tan solo cinco años atrás, yo era un bueno para nada? Acostumbraba robar y mentir a las personas pero ahora soy una de las persona mas honestas que jamás hayas conocido. ¿Quieres saber lo que me pasó?

3. Presenta el mensaje del Evangelio.

A. Dios te ama.
"Dios es amor" (1 Juan 4:8). *"Porque de tal manera amó Dios al mundo , que ha dado a su Hijo unigénito, para que todo aquel que en el cree no se pierda, mas tenga vida eterna"* (Juan 3:16).

B. El pecado nos separa de Dios.
"Por cuanto todos pecaron, y estan destituidos de la gloria de Dios" (Romanos 3:23). *"Porque la paga del pecado es muerte, mas la dádiva de Dios es vida eterna en Cristo Jesús Señor nuestro"* (Romanos 6:23).

C. Jesús murió en la cruz para pagar el precio por nuestros pecados.
"...Cristo murió por nuestros pecados, conforme a las Escrituras....fue sepultado,...resucitó al tercer día, conforme a las Escrituras" (1 Corintios 3-4). *"...La sangre de Jesucristo...nos limpia de todo pecado"* (1 Juan 1:7).

D. Tu puedes ser salvo.
"Que si confesares con tu boca que Jesús es el Señor, y creyeres en tu corazón que Dios le levantó de los muertos, serás salvo" (Romanos 10:9). *"Si confesamos nuestro pecados, el es fiel y justo para perdonar nuestros pecados, y limpiarnos de toda maldad"* (1 Juan 1:9).

4. Exhorta las personas a un compromiso.
Preguntemos: "¿Te gustaría aceptar a Jesús como Señor de tu vida? ¿Estarías dispuesto a orar conmigo en este momento? Ora esta oración: "Padre nuestro, te pido que perdones todos mis pecados, creo que Jesús murió en la cruz para pagar mis pecados. Creo que se levantó de los muertos y le pido, que desde este momento sea el Señor de mi vida. Amén." Después de esta oración pida al nuevo miembro de la familia de Dios que asista a la iglesia con usted.

S.O.S.

En el código Morse, S.O.S. significa "Salve Nuestras Almas". Este código se utiliza cuando un barco se está hundiendo. Toda embarcación que se encuentra dentro del rango de llamada de la radio, inmediatamente cambia de curso para poder ayudar. En este preciso momento, si usted escucha atentamente, multitudes claman silenciosamente "S.O.S."

Mientras lee este libro, 7,000 almas se han ido al infierno.

El dinero que usted dé a las misiones, es realmente un chaleco salvavidas para un alma que se está ahogando, su mensaje es una línea de vida para alguien que por tercera vez a caído, sus oraciones son botes salvavidas para los perdidos.

¿Cambiaría usted de curso para salvar las almas perdidas?

"Dios, te ruego que ilumines toda mi vida y que arda de pasión por Ti. Consume mi vida, mi Señor, porque es Tuya. No busco una larga vida, mas bien una completamente llena como la Tuya, Señor Jesús". -Jim Elliot

"La Gran Comisión permanece en efecto, el mandato de Cristo no ha cambiado, ni tampoco el gran plan de salvación de Dios." -Billy Graham

"Nuestra Ambición - ¡La Gran Comisión!" –Reinhard Bonnke

¿Nuestra Meta?
Toda Alma!

Daniel & Jessica King

KING
MINISTRIES
INTERNATIONAL

El Autor:

Daniel King y su esposa Jessica se conocieron en el centro de África, ambos estaban en un viaje misionero. Ellos son muy solicitados como conferencistas en iglesias y conferencias en toda América del Norte.

Su pasión, energía y entusiasmo son disfrutados por audiencias a donde quiera que vayan. Son evangelistas-misioneros internacionales que hacen festivales masivos, ganadores de almas, en países de todo el mundo. Su pasión por los perdidos les ha llevado a más de 50 naciones predicando el evangelio a multitudes que a menudo superan las 50 mil personas.

Daniel fue llamado al ministerio cuando tenía la edad de cinco años, y comenzó a predicar cuando tenía seis. Sus padres se convirtieron en misioneros a México cuando él tenía diez, y cuando él tenía catorce empezó un ministerio infantil que le dió la oportunidad de ministrar en iglesias de las más grandes de América, cuando todavía era un adolescente. A la edad de 15 años, Daniel leyó un libro en el que el autor motiva a la gente joven a ganar $1,000,000. Daniel reinterpreto el mensaje y decidió ganar 1,000,000 de personas para Cristo cada año.

Daniel es autor de veintiún libros incluyendo: *El Poder de la Sanidad*, *El Secreto de Obed-Edom* y *El Poder del Fuego*. Su libro *Bienvenidos al Reino* ha sido entregado a decenas y centenas de miles nuevos creyentes.

Cruzadas de Milagros

La República Dominicana

Honduras

Panama

Mexico

Guatemala

Sudan

Brazil

Haiti

Pakistan

Indonesia

India

Haiti

South Africa

Colombia

Peru

Nicaragua

Cruzadas de Milagros

Metu, Ethiopia

Khushpur, Pakistan

Roca Blanca, Mexico

Sialkot, Pakistan

Agere Maryam, Ethiopia

Kisaran, Indonesia

Cruzadas de Milagros

Sambava, Madagascar

Wondo Genet, Ethiopia

Kihihi, Uganda

Guder, Ethiopia

Kawdé Bouké, Haiti

Copan, Honduras

Los Ciegos Ven

Los Sordos Oyen

Milagros prueban que ¡Jesús está vivo!

Los Lisiados Caminan

Silla de Ruedas Vacía

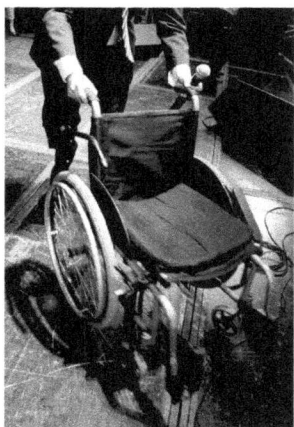

Liberada de Demonios

Cojos Andan

El Tumor se Fue

La visión de King Ministries es de evangelizar a los
perdidos, enseñar, capacitar y edificar
el cuerpo de Cristo en todo el mundo.

Si quisiera que Daniel King visite su iglesia, escriba:

King Ministries International

PO Box 701113

Tulsa, OK 74170 USA

King Ministries Canada

PO Box 3401

Morinville, Alberta T8R 1S3 Canada

O llame al:1-877-431-4276

(en los Estados Unidos)

o visítenos en el Internet en:

www.kingministries.com

E-Mail:

daniel@kingministries.com